ÄGYPTEN

EINE REISE ZU MYTHOS UND GEGENWART AM NIL

KNESEBECK

ÄGYPTEN

EINE REISE ZU MYTHOS UND GEGENWART AM NIL

Mit einem Vorwort von CHRISTIANE DESROCHES NOBLECOURT Fotografien von DOMINIQUE ESCARTIN
Texte von FLORENCE MARUÉJOL Aus dem Französischen von EGBERT BAQUÉ

Kaum ein Reisender kann sich dem Zauber des Landes am Nil entziehen. Sobald man ägyptischen Boden betritt, spürt man etwas von jenem Geist, der mitten in der Wüste die bewundernswertesten Bauwerke hervorbrachte, die je zu Ehren der Götter errichtet worden sind. Noch heute sind die Menschen, die an den Ufern des Nils, eines der beiden mächtigsten Ströme der Erde, leben, von diesem Geist erfüllt.

Dieses Universum aus Wasser und Licht, Sand und Stein, eine von Lärm und Staub erfüllte, seit unvorstellbaren Zeiten existierende Welt, weiß Dominique Escartin in sehr persönlichen Bildern einzufangen. Und von diesem wunderbaren Ägypten zeugen auch die charakteristischen Aufnahmen aus den frühen Jahrzehnten der Fotografie.

Schon im 19. Jahrhundert brachten faszinierte Reisende Bilder von erstaunlicher Qualität mit, die unter extremen Bedingungen entstanden waren (man stelle sich nur den auf einem Maultierrücken zu bewältigenden Transport der damals noch schweren und sperrigen Ausrüstung vor). Bekannte Fotografen wie die Franzosen Gustave Le Gray (der seine letzten Lebensjahre in Ägypten verbrachte) und Félix Bonfils, der Engländer Francis Frith, der Deutsche Wilhelm Hammerschmidt oder auch der Italiener Antonio Beato gehörten zu jenen, die es den Gelehrten im Gefolge Napoleon Bonapartes, aber auch Flaubert und anderen Künstlern Mitte des 19. Jahrhunderts gleichtaten: Sie machten sich auf den Weg nach Ägypten und hinterließen uns zuletzt eine beachtliche Sammlung an erstklassigen Dokumenten.

Der berühmte Satz von Herodot, Ägypten sei »ein Geschenk des Nils«, hat noch heute seine Gültigkeit. Auf wundersame Weise bahnte sich der Strom seinen Weg durch weite, trockene Gebiete, um sich schließlich zu einem kelchförmigen Delta zu weiten, wo er noch heute sein Wasser ins Mittelmeer ergießt. Die gesamte Region verdankte ihre Fruchtbarkeit diesem Fluss, der sich durch mehrere afrikanische Seen schlängelt. Den Bewohnern der Wüsten, die er durchquert, lieferte er das lebensnotwendige Wasser und ermöglichte es ihnen auf diese Weise, eine glanzvolle Zivilisation hervorzubringen.

Schon vor Urzeiten unterschied man anhand der regelmäßigen Überflutungen des Nils drei Jahreszeiten. In der ersten strömten die Wassermassen von Süden nach Norden und überschwemmten das Land. Während der zweiten brachten die Saaten dieser Böden, die reichlich mit Wasser versorgt waren, jene üppigen Ernten ein, die Ägypten zu Wohlstand verhalfen. Während der dritten Jahreszeit schließlich setzte sich zunächst wieder die Wüste durch. Nach einer Periode sengender Hitze wurde das Klima aber wieder erträglich. Auf den Feldern gediehen die Kulturen, und inmitten der Wüste blühte der Reichtum eines ganzen Landes auf und nährte sein Volk.

Seit Jahrtausenden spielt sich der Alltag der Menschen an den Ufern des Nils gleich ab: Weder die Natur noch die Bewohner scheinen sich zu verändern. Offenbar sind die auch heute noch typischen Lebensformen Ägyptens für die Ewigkeit geschaffen … Die rau verputzten Mauern der Wohnhäuser sind aus groben Lehmziegeln errichtet, die aus jenem Schlamm geformt wurden, der seit jeher vom Nil herangeschwemmt und von dessen Quelle bis zum Delta verteilt wird. Solche Ziegelbauten säumten schon immer den Lauf des Stroms, und auch das Leben der *fellahs*, der Bauern, hat sich seit der Antike kaum verändert. Die Sonne im Rücken, zerkleinern sie die Erdklumpen wie damals mit ihrer Hacke und ziehen ihren radlosen Pflug durch die Felder, um vor dem Säen den Boden aufzulockern.

Ansicht der Pyramiden von Giseh, um 1870

Gelegentlich sieht man noch heute Bauern, die das Getreide auf ihrem Stückchen Land mit der Sichel schneiden.

Die ständig wiederkehrende Blüte, die der Nil diesem Land beschert, hat die Ägypter mit einer unerschütterlichen Zuversicht gewappnet. Von alters her ist der Glaube an ein ewiges Leben in diesem Volk verankert. So bestehen die ägyptischen Totenkult-Überlieferungen größtenteils aus Beschwörungsformeln, die darauf abzielen, einen Verstorbenen vor dem endgültigen Tod durch Verhungern oder Verdursten im Jenseits zu bewahren.

Seit dem Ende der Antike wurden die ägyptischen Götter, die man sich als Menschen mit Tierköpfen oder ganz in Menschen- oder Tiergestalt vorstellte, von christlichen oder islamischen Glaubensgrundsätzen nach und nach verdrängt. Doch der Einfluss der alten Gottheiten ist auch heute nicht zu unterschätzen. Manche Zeremonien leben sogar weiter, wenn auch in anderer Form. So wird beim Abu-el-Haggag-Fest in Luxor jedes Jahr in einer Prozession ein Kahn durch die Straßen getragen. Dem Heiligen Yusuf Abu el-Haggag wird in der gleichnamigen Moschee gehuldigt, die auf den Säulen des ersten Hofs des Tempels von Luxor ruht. Damit lassen die Bewohner der Stadt die Riten des Opet-Festes weiterleben, bei dem die Priester einst eine Statue des Gottes Amon in einem Kahn vom Karnak-Tempel zum Tempel von Luxor trugen.

Ägypten, dieser gewaltige Organismus, der einerseits eine erstaunliche Fruchtbarkeit in sich trägt, andererseits stets von Unfruchtbarkeit bedroht ist, gegen die unablässig angekämpft werden muss, ist der Inbegriff des Sieges über den Fatalismus. Das bewundernswerte Gleichgewicht, das dieses Land trotz einer lärmenden Menschenwelt und mancher Unwägbarkeiten der Natur zu wahren vermag, verleiht ihm jene außerordentlichen Qualitäten, die seine Entwicklung befördern.

Die ägyptische Zivilisation ist unter den uns überlieferten Kulturen der Antike eine der ältesten, unerschöpflichsten und langlebigsten. Und wir müssen wohl kaum hinzufügen, dass die vielfältigen Zeugnisse, welche die Untergebenen der Pharaonen hinterließen, uns, die wir in einer westlichen Kultur verwurzelt sind, noch am ehesten zugänglich sind.

Jenes ewige Ägypten, fruchtbare Erde und Wüste zugleich, gebirgig und staubig, von Trubel und Stille erfüllt, doch stets strahlend, hat sich seine Eigenheiten über all die Jahrhunderte bis zum Ende der 1970er Jahre bewahrt. Seither allerdings wird das Land durch eine wahre Bevölkerungsexplosion und die unterschiedlichsten Auswirkungen des technischen Fortschritts und der Moderne in das 21. Jahrhundert katapultiert. So wird es für uns, die wir dieses faszinierende Land lieben, immer schwerer werden, noch Relikte jenes alten, in sich ruhenden Ägyptens zu finden.

Christiane Desroches Noblecourt

Grab des Ramses, 18. Dynastie, Berge von Theben, Luxor

Zu Beginn des 19. Jahrhunderts öffnete der Ägyptenfeldzug Napoleon Bonapartes (1798–1801) einer breiten Öffentlichkeit das Tor zum Tal des Nils. Die Wissenschaftler, Künstler und Ingenieure, die den Herrscher auf seinem militärischen Abenteuer begleiteten, offenbarten uns eine Märchenwelt, die bald schon zahllose Maler, Schriftsteller und Fotografen faszinieren sollte. Zurück in Frankreich, veröffentlichten die beteiligten Gelehrten die Erkenntnisse ihrer Forschungen in dem monumentalen Werk *Déscription de l'Égypte (Beschreibung Ägyptens)*. In dieser umfassenden Bestandsaufnahme wurden sowohl Sitten und Gebräuche, Musik und antike Monumente als auch das Bewässerungssystem, die Fauna und die Geologie des Landes geschildert. Allein in 13 Bänden wurde, noch vor Erfindung der Fotografie, der Neugier des Publikums mit großformatigen Zeichnungen Rechnung getragen.

Die Fotografie, deren Geburtsstunde 1839 schlug, begann um 1850, Ägypten für sich zu entdecken. Es war das erste orientalische Land, dem sich die Pioniere der Lichtbildkunst widmeten, darunter vor allem Franzosen, denn der Ägyptenfeldzug und die Forschungen eines Champollion verpflichteten.

Die noch junge Fotografie gab nun die Wirklichkeit wieder. Dank der Fortschritte in der Drucktechnik wurden die Aufnahmen in Alben, Zeitschriften und ab Ende des 19. Jahrhunderts auch als Postkartenmotive jedermann zugänglich gemacht. Was spornte diese Vorreiter an – ein künstlerischer Anspruch, der Wille, Zeugnis abzulegen, oder wissenschaftliches Erkenntnisinteresse? Für Archäologen wurde die Fotografie zu einem Hilfsmittel, das Zeichnung und Malerei zwar nicht ersetzte, aber ergänzte. Fotos hatten den Vorteil, ein Motiv genau und schnell wiederzugeben. Manche Fotografen widmeten sich sogar ausschließlich der Archäologie. Es gab also viele Gründe, eine Fotoausrüstung nach Ägypten mitzunehmen.

Für die Aufnahmen, die noch eine lange Belichtungszeit brauchten und mehrminütiges Posieren voraussetzten, erwiesen sich die Lichtbedingungen in Ägypten als ideal. Das Frühjahr und der Herbst waren den Fotografen am liebsten, denn in diesen Jahreszeiten hatte man kaum eine Wolke und schon gar keinen Regen zu befürchten.

Eine Ägyptenreise in jenen Jahren um 1850 bot kaum unerwartete Begegnungen. Die im Wesentlichen festgelegten Routen führten Reisende aller Nationalitäten unweigerlich an bestimmten Orten zusammen. Entsprechend selten wandten sie sich Einheimischen zu oder pflegten direkten Kontakt mit ihnen. So waren auf den Aufnahmen der ersten Zeit meist nur Baudenkmäler und Landschaften zu sehen, Bauern oder Szenen aus dem Alltagsleben fanden wenig Beachtung. Erst nach 1870 begannen im Land lebende Fotografen damit, auch traditionelle Wohnviertel in Bildern festzuhalten und Porträtaufnahmen in Studios anzufertigen.

Die Fotografen, die sich in Ägypten niedergelassen hatten, verdienten sich ihren Lebensunterhalt damit, Reisenden einzelne Aufnahmen zu verkaufen: als einfachen Abzug oder auf Karton aufgezogen. Auch eine in Alben gesammelte Auswahl von Bildern boten sie an. Die Brüder Antonio und Felice Beato sind in diesem Zusammenhang als Beispiel zu nennen. Antonio, der zunächst in der Altstadt von Kairo ein Fotostudio betrieb, arbeitete ab 1870 in Luxor. Ihm ist eine der umfangreichsten Fotodokumentationen Ägyptens zu verdanken.

Schon Anfang der 1850er Jahre richtete sich Wilhelm Hammerschmidt ein Atelier in Kairo ein. Er war Mitglied der Französischen Gesellschaft für Fotografie in Paris und stellte dort 1861 zehn Ansichten von Ägypten und Kairo aus. Der deutsche Fotograf nutzte das Nassplattenverfahren mit Kollodium. Hierfür wurde Schießbaumwolle in einem Alkohol-Äther-Gemisch aufgelöst, so dass eine viskose Flüssigkeit entstand, die anschließend auf eine Glasplatte aufgetragen und in einer Silbernitratlösung lichtempfindlich gemacht wurde. Um dieses zwischen 1851 und 1885 weit verbreitete Verfahren nutzen zu können, bedurfte es einer Ausrüstung, die mehrere hundert Kilogramm schwer war. Erhebliche finanzielle Mittel waren vonnöten, man musste technisch geschickt sein und über sehr genaue Kenntnisse der chemischen Prozesse verfügen. Die Reisenden konnten von Wilhelm Hammerschmidt Abzüge auf eiweißhaltigem Papier erwerben und aus dem Bestand seiner katalogisierten Aufnahmen – jede Ansicht war nummeriert und betitelt – auswählen, was ihnen gefiel.

Die aus Griechenland stammenden Gebrüder Zangaki waren mit einem fahrenden Studio unterwegs, das von zwei Pferden gezogen wurde. Während der eine die Aufnahmen machte, entwickelte der andere die belichteten Platten und stellte Abzüge her.

Nach der Eröffnung des Sueskanals 1869 bot sich eine weitere touristische Route an. Nun konnte man in den neu entstandenen Hafenstädten Sues und Port Said an Land gehen. In Port Said hatte sich Hippolyte Arnoux niedergelassen. Von ihm stammt die repräsentativste Serie von Fotos, die die Bauarbeiten am Kanal dokumentieren.

Untypisch verlief die Karriere des berühmten französischen Fotografen Gustave Le Gray. Er war ein bei Kollegen anerkannter, unumstrittener Meister seines Fachs und unterhielt in Frankreich ein Atelier, das von einer betuchten Kundschaft frequentiert wurde. Trotzdem kehrte Le Gray seinem Herkunftsland aus finanziellen Gründen den Rücken. Im Mai 1860 schiffte er sich auf Einladung von Alexandre Dumas auf dessen Schoner ein, der zur Erkundung des Mittelmeers in See stach. In Malta trennten sich die Wege der beiden Männer, und Gustave Le Gray reiste auf einem Frachtschiff mit Zielhafen Alexandria weiter. 1865 arbeitete er am Hofe des Paschas und unterrichtete dessen drei Söhne im Zeichnen. Zwei Jahre später sandte er Fotografien aus Ägypten für die Weltausstellung in Paris ein. Le Gray starb im Juli 1884 verarmt in Kairo. Seine Aufnahmen gehören heute zu den begehrtesten und teuersten Fotografien auf dem Markt.

Mit Ausnahme von Gustave Le Gray besaßen alle Fotografen, die vor Ort lebten, ein eigenes Atelier. So auch der Türke Pascal Sebah und der Armenier G. Lekegian. Der Franzose Félix Bonfils siedelte 1867 mit Frau und Kindern nach Beirut über und bereiste von dort aus den Nahen Osten. 1871 wurde er von der Französischen Gesellschaft für Fotografie für seine Ägyptenbilder mit einer Medaille ausgezeichnet. Der englische Verleger und Fotograf Francis Frith unternahm zwischen 1856 und 1860 drei Reisen in dieselbe Region. Zu jener Zeit, da die Ausgrabungen in Ägypten auf begeistertes Publikumsinteresse stießen, durchquerte er das ganze Land fast bis zum dritten Nilkatarakt in Nubien. Erst als er wieder nach England zurückgekehrt war, machte er Abzüge von seinen Fotos und verkaufte sie an vermögende Kunden.

All diese Bilder lösen heute ein Gefühl der Nostalgie aus. Sie erzählen von einer längst vergangenen Zeit, in der unter den verwunderten Augen einer westlichen Öffentlichkeit die Zeugnisse der pharaonischen Kultur zutage traten, und von den ersten Begegnungen mit einem Volk, das sich noch nicht bewusst war, Erbe und Hüter dieser Schätze zu sein.

In meinen eigenen Bildern habe ich versucht, das Licht der Abenddämmerung, die steinernen Relikte der Pharaonen, den Staub der Sandwüste, das Chaos der Städte, das Lächeln der Kinder und die Freundlichkeit der Erwachsenen einzufangen. In Gegenwart eines Fotografen inszenierten sich die Menschen, ob groß oder klein, nach eigenem Gutdünken. Dabei gingen sie fantasievoll und spielerisch vor, waren spontan und einfallsreich.

Unser Buch führt Bilder der Fotografen des 19. Jahrhunderts mit Aufnahmen zusammen, die meine eigenen Erlebnisse widerspiegeln. Augenblicke aus früheren und heutigen Tagen, die mehr als ein Jahrhundert voneinander trennt, fügen sich zu einem Panorama. Es vereinen sich Sichtweisen von damals und heute, die wir mit allen Liebhabern Ägyptens teilen möchten.

Dominique Escartin

Ein Fellache posiert vor einem riesigen Kaktus, um 1860.

Wasser und Licht

Mitten in einer ausgedehnten Wüstenlandschaft hat der Nil, der in seinem Wasser fruchtbaren Schlamm mit sich führt, über die Jahrtausende eine einzigartige Landschaft geformt: im Süden ein schmales Tal, das sich wie ein Band dahinschlängelt, im Norden ein sich weitendes Dreieck, das Delta. Um ihre Felder zu bewässern und Mensch und Tier mit Wasser zu versorgen, sind die Ägypter ganz von den Launen des Flusses abhängig, denn es regnet sehr selten. Noch vor einem halben Jahrhundert floss der Strom bei niedrigem Pegelstand nur träge dahin. Zahlreiche Sandbänke ragten dann aus dem Wasser und bereiteten der Schifffahrt große Probleme. Ab Juli stiegen die Fluten schnell an, der Fluss trat über seine Ufer und überschwemmte die Felder, bis er im Laufe des Novembers wieder auf seinen Tiefststand zurückging. So blieben während der Sommermonate nur die höherliegenden Landesteile und Inseln aus Sand, auf denen sich Städte und Dörfer dicht an dicht drängten, von den Fluten verschont. Erst mit dem Bau des Assuan-Hochdamms ab 1964 hatte das jährliche bange Warten eines ganzen Volkes ein Ende. Die Verunsicherung hatte sich aus zwei gegensätzlichen Ängsten gespeist: Würde sich die Flut in Grenzen halten oder käme sie mit zerstörerischer Wucht? Käme vielleicht zu wenig Wasser und war eine Hungersnot zu fürchten? Seit über dreißig Jahren nun bildet das flussaufwärts angestaute Wasser des Nils den Nassersee. Majestätisch strömt der gebändigte Fluss jene tausend Kilometer gen Norden, die Assuan vom Mittelmeer trennen. Die Sorgen der Bauern sind längst vergessen, die Angst vor Hungersnöten hat sich verflüchtigt.

Natürlich ist der Hochdamm nicht das einzige Zeichen des Fortschritts. Hier und da mussten die Wasserräder, die *sakiahs*, und die *shadoufs*, kranartige Wasserhebegeräte, Motorpumpen weichen, die nun für die Bewässerung der Felder sorgen. Doch in dem noch immer sehr bäuerlichen Land hat sich die Moderne nicht überall durchgesetzt. Zahlreiche Dörfer verfügen über kein fließendes Wasser. Draußen auf dem Land, an den Ufern des Nils und seiner Kanäle, sind die traditionellen Geräte bis heute in Betrieb geblieben. Generation um Generation verrichten Bäuerinnen und Bauern ihre Arbeit auf den Feldern mit den immer gleichen Handgriffen.

Der Nil aber ist nicht nur Quell des Lebens, sondern auch ein Verkehrsweg. Bevor die modernen Transportmittel wie Eisenbahn und Motorfahrzeuge aufkamen, wurde auf ihm sogar der größte Teil des Waren- und Personentransports abgewickelt. Im 17. und 18. Jahrhundert machten sich dann auch Reisende und allerlei Abenteurer aus Europa auf, flussaufwärts bis weit nach Oberägypten vorzudringen, um dort die Baudenkmäler der pharaonischen Kultur zu bestaunen. Dazu stieg man an Bord einer *dahabieh*, eines für längere Nilkreuzfahrten hergerichteten langen, schmalen Schiffes mit einem großen Segel am Bug und einem kleinen am Heck. Eine solche Fahrt konnte, vor allem wenn es gelegentlich windstill war, mehrere Wochen dauern. An den verschiedensten Stationen entlang des Nils besichtigten jene Pioniere die zum Teil noch halb verschütteten Monumente, über deren Bedeutung sie nichts wussten. Erst nachdem Jean-François Champollion 1822 die Hieroglyphenschrift entziffert hatte, ließ ihre Geschichte sich rekonstruieren. Gegen Ende des 19. Jahrhunderts organisierte das Unternehmen Thomas Cook die ersten Urlaubsreisen durch Ägypten und Kreuzfahrten auf luxuriösen Dampfschiffen. Damit begann im Niltal das Zeitalter des Tourismus. Zwischen Kairo und Assuan schipperten wohlhabende Passagiere auf nagelneuen Dampfern hin und her. Nur eines dieser Schiffe existiert heute noch: die von zwei Schaufelrädern angetriebene *Sudan*. Sie zeugt von jener Epoche, in der Ruinenromantik und die luxuriöse Ausstattung dieser fahrenden Hotels noch miteinander wetteiferten. Rundreisen an Bord dieser Schiffe sollten über Jahrzehnte hinweg die Fantasie von Touristen beflügeln. Heute lassen Fotografien und Postkarten die vergangenen Zeiten wieder aufleben: Damals konnten die Pyramiden noch über eine schnurgerade, unbefestigte Straße erreicht werden, die große Sphinx war von Sand bedeckt, der Tempel von Philae thronte auf seiner ursprünglichen Insel und ahnte nicht, dass er dereinst in Gefahr sein würde, in den Fluten des Nils zu versinken. Und die Tempel ragten an unberührten Ufern in den Himmel und spiegelten sich im Wasser des Flusses …

Doch auch in unseren Tagen darf man wieder ins Schwärmen geraten: Zwischen Luxor und Assuan kommen neben den großen Schiffen, die rund hundert Passagiere befördern, vermehrt *dahabiehs* zum Einsatz. Die hergerichteten alten oder neu konstruierten Boote werden von kleinen Schleppern gezogen und gleiten still über die Wasseroberfläche. Mit welchem Transportmittel auch immer der Reisende dem Lauf des Nils stromauf- oder -abwärts folgt, es ist ein wundervolles Erlebnis. Natürlich spielen die Schätze der Pharaonenzeit dabei eine große Rolle. Es ist unmöglich, von all den Pylonen, den kolossalen Statuen und majestätischen Säulen der Tempel, den feinen Wandmalereien oder den gewaltigen Pyramiden nicht beeindruckt zu sein. Auch die Landschaft, deren üppiges Grün sich vom Wüstensand und den Dünen abhebt, hat ihre ganz eigenen Reize. Außerdem gibt es neben den Bauwerken und grandiosen Ausblicken immer etwas zu sehen. Es lohnt sich, das Alltagsleben der Menschen zu beobachten, denn das ist die einzige Möglichkeit, einem ausgesprochen großherzigen Volk wirklich näherzukommen.

Wasser und Sonne gehören in diesem Land zusammen. Die Sonne erhoben die alten Ägypter schon früh in den Rang einer Göttin. Sie verehrten dieses Gestirn, das ihnen Tag um Tag Licht spendete, sie wärmte und im Zusammenspiel mit dem fruchtbaren Wasser des Nils oder der Oasen ihre Kulturen gedeihen ließ. Ihr war es zu danken, dass die Menschen ihren von der Wüste zurückeroberten Landstrichen genug zum Leben abringen konnten. Die Ägypter richteten sich nach dem ewigen Rhythmus der Sonne, die im Laufe des Tages den Himmel und nachts die Unterwelt durchquerte, und hofften auf eine Wiedergeburt im Jenseits. Auch als die letzten Pharaonen längst dahingeschieden waren, blieb das Klima des Landes unverändert. Noch heute bescheint die Sonne Ägypten mit ihrer ganzen blendenden Kraft.

FOLGENDE DOPPELSEITE: **Die Insel Philae, um 1870**

Der Tempel von Philae, auf einer Insel südlich von Assuan errichtet, ist der Göttin Isis geweiht. Noch in den letzten Jahrzehnten des 19. Jahrhunderts war das Heiligtum von Philae erstaunlich gut erhalten. Es stand in einer unberührten Landschaft, die sich seit den Zeiten der Pharaonen kaum verändert hatte, und wurde von dem Schriftsteller Pierre Loti ganz zu Recht als »Perle Ägyptens« bezeichnet. Doch die Errichtung des ersten Staudamms von Assuan ab 1898 sollte sich als Katastrophe für das Monument erweisen. Wenn der Nil wie alle Jahre Hochwasser führte, versank das Bauwerk zum größten Teil in den flussaufwärts angestauten Fluten. Dann fuhren die Touristen mit Booten zur Besichtigung. Zwar hat der Tempel dem Wasser bis heute standgehalten, nicht jedoch die Wandmalereien in seinem Inneren, die nach und nach buchstäblich weggewaschen wurden.

Auf ihren Köpfen tragen Dorfbewohnerinnen Krüge, mit denen sie Wasser für ihre Haushalte schöpfen, um 1865.

Diese aus Erde festgestampfte Straße, auf der eine Kalesche fährt und einige Bauern unterwegs sind, war die Vorläuferin der heutigen an beiden Seiten bebauten, von Fußgängern und Fahrzeugen aller Art wimmelnden Verkehrsader, die zu den Pyramiden führt. Die Straße war 1868 als Verbindung zwischen Kairo und den fern von der Hauptstadt auf dem Plateau von Giseh emporragenden Pyramiden angelegt worden und zog sich damals quer durch ländliches Gebiet. Die noch jungen Bäume sollten bald schon wohltuenden Schatten spenden. Die Straßenbahn, die später auf der linken Seite parallel zur Straße entlangfuhr, war noch nicht gebaut.

Ein Wasserträger schleppt Krüge aus Ton, die das Nass kühl halten, um 1880.

Straße zu den Pyramiden, um 1880

Ein Bewässerungsbecken in der Oase Dakhla

Frauen haben am Nilufer Wasser geschöpft, Oberägypten.

Hat man das Vergnügen, eine Schifffahrt auf dem Nil in Oberägypten machen zu können, mag man den Blick kaum von den Ufern des Stroms abwenden. Der über die Jahrtausende angeschwemmte Schlamm hat die Ränder der Ufer erhöht, so dass sich das Leben häufig auf zwei Ebenen abspielt. Direkt am Wasser waschen Frauen ihre Leinen und Decken und legen sie zum Trocknen auf dem weichen Gras aus. Im nächsten Moment sind Büffel zu sehen, die ein Bad nehmen, oder man hört das freudige Kreischen planschender Kinder. Der Junge, der oben gemächlich auf seinem Esel dahinreitet, ist vielleicht zu seinem Feld unterwegs.

Frauen legen am Ufer des Nils Wäsche zum Trocknen aus, Oberägypten.

In Assuan wird stärker als anderswo spürbar, wie abhängig Ägypten vom Nil ist. Der Sandhügel scheint die Vegetation zu bedrohen, die sich vor allem auf den größeren und kleineren Inseln entwickelt hat. Die dreieckigen Segel der Feluken, die hinter den Oleanderbäumen vorübergleiten, signalisieren nicht nur die Nähe des Wassers, sie wecken auch Lust darauf, von einer sanften Brise getrieben auf dem Nil durch eine prachtvolle Landschaft zu fahren, während im Laub der Bäume die Vögel zwitschern.

Felukensegel bei der Kitchener-Insel, Assuan

Feluken an den Ufern der Insel Elephantine, Assuan

RECHTE SEITE: **Nubischer Bootsführer einer Feluke**

Für ein Volk, das seine Blicke seit jeher auf den Nil richtete, schien es undenkbar, dass es in der Unterwelt des Jenseits nicht eine Entsprechung dieses Stroms geben sollte. Um seine Wiedergeburt sicherzustellen, bezog sich Inherkhau, einer der Wandbildgestalter im Tal der Könige, in den Zyklus der Sonne mit ein: An Bord der göttlichen Sonnenbarke reist er in Begleitung von Isis, Thot, Chepre – der Gottheit mit einem Skarabäus als Kopf (um jeden Morgen wieder aufzuerstehen, nimmt die Sonne die Form eines Skarabäus an) – und des Gottes Huh, der Verkörperung des schöpferischen Wortes. Das Steuerruder der Barke bedient ganz hinten Inherkhau, der für die Überfahrt sein schönstes Gewand angelegt hat.

Grab des Inherkhau, Deir el-Medineh, Dorf der Künstler der königlichen Nekropole, Luxor

VORHERGEHENDE DOPPELSEITE: **Fischer auf dem See des Wadis El-Rayyan, Gouvernement Fayum**

Kanaldurchfahrt auf der Höhe von El-Qantara, um 1880

1869 wurde der Sueskanal eröffnet. Der Ingenieur Ferdinand de Lesseps verwirklichte damit den alten Traum, das Rote Meer mit dem Mittelmeer zu verbinden. Bereits gegen Ende der Pharaonenherrschaft hatten die Ägypter zwischen den beiden Meeren eine erste Verbindung hergestellt: Ein Kanal führte vom Roten Meer zu einem der Flussarme des Nils.
Hier ziehen die Schiffe bei El-Qantara, nördlich von Ismailia, vorbei. Durch den inzwischen verbreiterten Kanal fahren heute statt der Segel- und Dampfschiffe von einst Containerfrachtschiffe und Tanker.

Eine *dahabieh* ankert am Fuße des Tempels von Luxor. Die Häuser, die das Heiligtum damals umgaben, wurden inzwischen abgerissen, um 1880.

Als der Hochdamm von Assuan gebaut wurde, drohte der Tempel von Philae für immer in den Fluten zu verschwinden. Doch das Monument wurde Stück für Stück abgetragen und auf der dafür hergerichteten Nachbarinsel Agilkia wieder vollständig aufgebaut. So war es möglich, dass Tempel Nubiens im Rahmen einer Aktion zum Denkmalschutz gerettet werden konnten. Schon vor der Errichtung der Staudämme musste jede Schifffahrt in Assuan unterbrochen werden, weil der erste Katarakt des Nils mit seinen Stromschnellen und Felsen eine Weiterfahrt verhinderte. Um die Fahrt flussaufwärts durch Nubien fortzusetzen, musste man auf ein anderes Schiff umsteigen.

Der Tempel von Philae in der Zeit vor der Errichtung des ersten Staudamms von Assuan, um 1870

Wadi El-Rayyan, Gouvernement Fayum

Bad in einer natürlichen Quelle, Oase Siwa

Noch immer ist der Nil auch ein Verkehrsweg, auf dem Lastkähne, Sportsegler und Fischerboote kreuzen. Die Erträge der Fischer fallen auch in unseren Tagen so ergiebig aus, wie die Ahnen es auf den Bildern der Grabmalereien dargestellt haben.

Lastkahn, Oberägypten

Fischer auf dem Nil, Oberägypten

Ein Haus für Mekkapilger in der Nähe von Medinet Habu, Oberägypten

Ein Fellache mit seinem jungen Dromedar, Oberägypten

Wasserkrug auf der Fensterbank eines Wohnhauses, Oase Siwa

Eine Palme ist in den Salzsee der Oase Siwa gestürzt.

FOLGENDE DOPPELSEITE: **Palmenhain am Ufer des Nils, in der Nähe von Kom Ombo, Oberägypten**

Sand und Stein

Fast 96 Prozent der Gesamtfläche Ägyptens, 997 739 Quadratkilometer – das ist weit mehr als die doppelte Fläche Deutschlands –, sind von Wüste bedeckt. Die Ägypter wussten sich mit dieser Umwelt aus Gebirgen und Sand schon sehr früh zu arrangieren, wobei die ökologischen Bedingungen in der Epoche der Pharaonen weit weniger hart waren als heute. In unseren Tagen befinden sich die Pyramiden von Giseh auf einem Wüstenplateau, während sie zur Zeit ihrer Bauherren, der Pharaonen Cheops, Chephren und Mykerinos, aus einer Savannenlandschaft emporragten, in der die unterschiedlichsten wilden Tiere lebten. In den Grabkammern der hohen Persönlichkeiten von einst sind zahlreiche Wandmalereien zu sehen, die Jagden in der Wüste zeigen, eine der liebsten Vergnügungen der Würdenträger. Da springen Steinböcke, Mufflons, Oryxe, Dorcas-Gazellen und Hasen wild durcheinander, um den Pfeilen der Jäger zu entfliehen. Strauße wurden zwar seltener dargestellt, doch auch diese Tiere gab es damals noch in Ägypten.

Die Wüstenlandschaften Ägyptens, ein Teil der Sahara, die sich vom Atlantik bis zum Roten Meer erstreckt, sind alles andere als gleichförmig. Westlich des Nils liegt die Libysche Wüste, zu der das Große Sandmeer gehört, das größte Dünenfeld und vermutlich auch die trockenste Region der Erde. Felsmalereien und -zeichnungen von Jägern und Sammlern der Frühgeschichte (zwischen dem 6. und 4. Jahrtausend vor unserer Zeitrechnung) zeugen jedoch davon, dass hier einst ein feuchtes Klima herrschte. Inmitten der Wüste dehnten sich riesige Seen und von vielen Tieren bevölkerte Savannen aus. Ab 3300 vor Christus wurden das Klima und damit auch die Libysche Wüste immer trockener.

Die Siedlungsaktivitäten der Menschen in diesem Gebiet konzentrieren sich auf einige Oasen, die über unterirdische Wasserreservoirs verfügen. Von Norden nach Süden reihen sich wie die Perlen an einer Kette parallel zum Nil die Oasen Baharia, Farafra, Dakhla und Kharga aneinander. Siwa, 300 Kilometer vom Mittelmeer und rund 80 Kilometer von der libyschen Grenze entfernt, liegt am Rand des Großen Sandmeers. Sie ist die abgeschiedenste der Oasen, von denen jede ihren ganz besonderen Charme hat. Siwa sticht durch ausgedehnte Palmen- und Obstgärten sowie einen großen See hervor, Dakhla ist von einem majestätischen Djebel geprägt, einem Bergmassiv, das sie begrenzt. Überall in den Oasen sprudeln Quellen, deren Wasser in Becken gesammelt und über schmale Kanäle verteilt wird. Tempel und Gräber aus der Pharaonenzeit verdeutlichen, dass sich die Herrscher schon früh für die nahegelegenen Oasen interessiert, das relativ weit entfernte Siwa jedoch lange Zeit vernachlässigt haben.

Die von außergewöhnlich gastfreundlichen Beduinen bevölkerten Oasen sind friedliche Orte, an denen es sich gut leben lässt. Es ist schon etwas Besonderes, wenn man eingeladen wird, den Alltag der Bewohner zu teilen. Am frühen Morgen, noch während der kühlen Morgendämmerung, trifft man sich bei einer heißen Quelle, um sich zu waschen und Nachrichten auszutauschen. Hier draußen, in der freien Natur, hat ein zutiefst gerührter Kamelzüchter gerade einem weiblichen Dromedar beim Entbinden geholfen. Nun schaut er dem neugeborenen Tier dabei zu, wie es unbeholfen versucht, sich auf seine vier Beine zu stellen. Außerdem ist da der alte, fast blinde Matrose im Ruhestand, der einzige Bewohner eines etwas abseits liegenden Hotels, dem es im Winter an Gästen mangelt. Sofort merkt er auf, als er hört, wie ein Tourist sein

Der Berg Mose und, links im Tal, das Katharinenkloster, Sinai, um 1860

Fahrrad abstellt. Er ist begierig auf einen Plausch und erweist sich als wahrhaft polyglott. Arm in Arm unternehmen wir einen Spaziergang durch die Oase. Die Beduinen in den Oasen sind auf ungezwungene Weise gastfreundlich. Stolz präsentieren sie ihre Familie, Frau und Kinder. Die nicht gerade schüchternen kleinen Jungen und Mädchen, die sich auf der Straße tummeln, nehmen schnell Kontakt zu uns auf. Wie ihre Altersgenossen im Tal des Nils posieren auch sie gerne für ein Foto. Die einen blicken ernst, die anderen lächeln oder sind ausgelassen, doch alle stellen sie sich ganz unbefangen der Kamera.

Zwischen Farafra und Dakhla verändert sich die Umgebung erneut. Die Weiße Wüste, die einer fantastischen Mondlandschaft gleicht, beeindruckt uns. Ihre Schönheit ist atemraubend. Vom Wind verwehte Sandkörner haben Wellen gebildet und das weiße Kreidegestein zu seltsamen Skulpturen geformt. Diese Landschaft sollte man sich nicht nur am Tag ansehen, sondern auch nachts. Unter dem Sternenhimmel im Mondlicht schimmernd, besitzt dieser geradezu unwirklich anmutende Ort eine märchenhafte Ausstrahlung.

Östlich des Nils liegt die Arabische Wüste, die mit ganz anderen Überraschungen aufwartet. Sie grenzt ans Rote Meer, das seinen Namen den Felsen verdankt, die sich in seinem Wasser spiegeln. In den Steinbrüchen dieser Region versorgten sich die alten Ägypter mit Kalk, Granit, Grauwacke und Kalzit; in den Minen gewannen sie Gold, Kupfer und Türkis. Die Halbinsel Sinai kann sich der mächtigsten Erhebung Ägyptens rühmen – der Katharinenberg ist 2637 Meter hoch. Im 6. Jahrhundert gründeten Christen in der Nähe das berühmte Katharinenkloster. Dort lässt es sich gut meditieren, zumindest so lange, bis die Kreuzfahrtschiffe die lärmenden Touristen abgeladen haben, die um Mitternacht scharenweise den Mosesberg erobern. Warum? Weil sie sich gemeinsam den Sonnenaufgang anschauen wollen. Erspart man sich dieses Spektakel und erklimmt den Berg, wenn alle anderen hinabströmen, umgibt feierliche Ruhe den Gipfel. Gezackte Bergrücken und felsige Abhänge entfalten ein dramatisches Panorama, und beim Abstieg über die von Mönchen angelegten Stufen ist die gesamte Klosteranlage mit ihren der Wüste abgetrotzten Obstgärten zu bewundern.

Auf der Sinai-Halbinsel führen viele Beduinen, die ihre Traditionen nicht ganz aufgeben wollen, ein halb sesshaftes, halb nomadisches Leben. Sie bestreiten ihren Lebensunterhalt mit der Viehzucht und ziehen mit ihren Dromedar- und Ziegenherden von einem Weideplatz zum nächsten. Während der Wanderungen suchen sie unter Felsvorsprüngen und in ihren Zelten Schutz für sich und ihre bescheidene Habe.

Ob in den ländlichen Regionen des Niltals und des Deltas oder in den Oasen – von alters her haben die Ägypter Dörfer gegründet, die ihnen Zuflucht sowohl vor den eiskalten Winternächten als auch vor der sengenden Sommerhitze boten. Die Häuser standen so eng beieinander, dass das Tageslicht kaum in die schmalen Gassen drang. Sie waren aus groben Lehmziegeln errichtet, einem gut isolierenden Material, und verfügten nur über kleine Zimmer sowie schmale Türen und Fenster. Auf diese Weise konnten die extremen Schwankungen des Klimas ausgeglichen werden. Heutzutage sind viele jener traditionellen Dörfer aufgegeben oder gar zerstört worden. Ihre Bewohner wollten lieber in Häusern aus Beton oder Backstein wohnen, um die Annehmlichkeiten des modernen Lebens genießen zu können: Badezimmer, fließendes Wasser, große Fenster. Doch bald schon begannen die Besitzer, ihren neuzeitlichen Gebäuden eine persönliche Note zu geben: Sie strichen sie in lebhaften Farben oder stellten in Wandmalereien ihre Pilgerreise nach Mekka dar. Es kommt nicht selten vor, dass die Bewohner auf dem Dach des neuen Hauses ihre traditionelle Lebensweise fortführen. Auf den Betonflächen werden Brotbacköfen aufgestellt, Getreidereserven angelegt, Wäscheleinen gespannt und sogar Ziegen oder Hühner gehalten. Auch bei ihrer Kleidung widerstehen sie den Verlockungen der Moderne: Wenn die Bäuerinnen das Haus verlassen, streifen sie sich ihre schwarze Tunika, die *melaya*, über das Kleid und verbergen ihre Haare unter einem schwarzen Schleier. Die Männer haben ihre *galabiah*, ein langes, weites Baumwollgewand mit großzügig geschnittenen Ärmeln, noch nicht gegen Hosen und Hemden getauscht.

Ihre Freizeit verbringen die Männer gerne außerhalb des Hauses. Sie hocken auf *mastabas*, rechteckigen Steinbänken, deren Bezeichnung auch für die Grabbauten des Alten Reiches verwendet wird, oder auf Holzbänken und plaudern mit ihren Verwandten oder Freunden. Auf der Terrasse eines belebten Cafés lassen sie sich nieder, genießen das schwarze, anregende Getränk oder einen Tee, spielen Backgammon oder diskutieren über die Lebenshaltungskosten. Auch auf den Viehmärkten debattiert man gerne. In Oberägypten schauen die Männer während der Festtage dem von ihresgleichen aufgeführten Stocktanz zu, indes Frauen und Kinder sich bei den Schaukeln aufhalten.

Auf engem Raum zwischen dem Nil, dem arabischen Gebirge und den libyschen Ebenen lebend, waren und sind sich die Bewohner Ägyptens der Nähe der Wüste stets bewusst. Während der Epoche der Pharaonen errichtete man in der Wüste die Nekropolen, damit die Gräber vor dem Hochwasser des Nils geschützt waren. Die Ruhe der Toten musste bewahrt werden, denn sonst geriete deren ewiges Leben in Gefahr. Doch die Wüste barg auch Gefahren, zum Beispiel in Form von gefährlichen Tieren wie Hornvipern, Kobras und Skorpionen. In Texten zu den Bestattungsriten finden sich Beschwörungsformeln, welche die Wirkung von Bissen oder Stichen dieser Tiere auf die Verblichenen aufheben sollten. So glauben die Bauern, die Wüste sei von *afrits*, Dämonen, bevölkert, welche die Menschen plagen und sogar Besitz von ihnen ergreifen können. Doch glücklicherweise gibt es Magie und Religion, um sie wieder zu vertreiben …

Tagesanbruch über der Oase Dakhla

Während der Herrschaft der Pharaonen waren Steine den Bauwerken vorbehalten, die für die Ewigkeit errichtet wurden: Tempeln und Grabmälern. Die Gebrauchsarchitektur musste dagegen mit den aus Schlamm und Stroh gefertigten rohen Ziegeln auskommen, die in schlichten Holzrahmen geformt und anschließend in der Sonne getrocknet wurden. Selbst der königliche Palast war aus derartigen Materialien erbaut worden. Bis in jüngste Zeit hielt man an diesen Bautraditionen fest. Nach wie vor bedeckt gestampfte Erde die Backsteinfassaden mancher Häuser. Die Dächer sind aus aneinandergereihten Palmenstämmen konstruiert, die auf das Mauerwerk gelegt wurden. Sie tragen senkrecht angeordnete Stäbe, Schilfmatten und eine Schicht aus isolierendem Schlamm; dies sind leicht zu beschaffende und preiswerte Rohstoffe.

Fassade eines Hauses in der Oase Dakhla

Kinder vor ihrem Wohnhaus, Oase Siwa

Fassadenschmuck eines Hauses aus Stampferde, Oase Dakhla

HANY

Die Bevölkerungsstruktur in Ägypten verändert sich rapide. 2006 zählte das Land fast 79 Millionen Bewohner, wovon 35 Prozent jünger als 14 Jahre waren. Es überrascht daher nicht, dass auf den Straßen der Dörfer ungewöhnlich viele Kinder zu sehen sind. Für manche von ihnen, die eher selten Touristen begegnen, ist ein Fremder eine Attraktion, die sie nicht verpassen wollen. Fröhlich herumalbernd, fragen sie den Besucher, dem sie folgen, nach seinem Namen. Wie ihre Vorfahren aus der Zeit der Pharaonen – davon zeugen die überlieferten Reliefs und Malereien – laufen sie auf dem erdigen Boden der Straßen oft barfuß herum.

Kinder aus dem Dorf Tôd, südlich von Luxor, Oberägypten

Überall im heutigen Ägypten existieren Fortschritt und überlieferte Traditionen nebeneinander. Eine Frau in der Oase Dakhla läuft, in ein langes Gewand gekleidet, die Haare unter einem Schleier verborgen, an einem nagelneuen Haus vorbei. Mit seinem strahlend ockerfarbenen, kastanienbraun eingefassten Verputz, der die gebrannten Ziegel und den Beton verdeckt, hebt es sich von den gewöhnlich mit Erde verputzten Häusern der Oasen ab. Die Dorfbewohnerin trägt Platten mit hausgebackenen Brotfladen. Wenn diese frisch aus dem Ofen kommen und noch schön warm sind, sind sie besonders köstlich …

Eine Frau trägt Brotfladen, Oase Dakhla.

Nach der Antike war das weiter als die anderen Oasen vom Niltal entfernte Siwa lange Zeit isoliert. Erst im 19. Jahrhundert wurde der von Berbern bevölkerte Ort in das ägyptische Staatsgebilde integriert. Seit dem 13. Jahrhundert diente die Festung Shali den Issiwanen oder Siwis als Schutz vor Angriffen von Räubern, die durch die Wüste zogen. Die aus schlammbedeckten Salzblöcken gebaute Zitadelle wurde 1926 von sintflutartigen Regenfällen stark beschädigt. Statt die eng aneinandergeschmiegten Häuser mit ihren dunklen Zimmern zu restaurieren, haben die Bewohner sie aufgegeben, denn aus der Wüste droht keine Gefahr mehr.

Die alte Festung Shali, Oase Siwa

FOLGENDE DOPPELSEITE, LINKS: **Ein privates Museum in Farafra**
RECHTS: **Traditionelle Wohnhäuser in der Oase Dakhla**

Brotbackofen, Oase Dakhla

***Marabouts*, Gräber mit Kuppeldächern, für lokale Heilige, Oase Dakhla**

Im gesamten ländlichen Ägypten – vom Delta über die Oasen bis in den Süden des Niltals – ragen Taubenschläge auf. Ob als vereinzelt dastehende konische Türme oder eng aneinanderklebend, als Türmchen auf einem breiten Fundament oder als rechteckiger Turmbau: Ihre Architektur weist eine große Vielfalt auf. Sie sind aus Lehmziegeln gebaut und mit Stampferde bedeckt. Die Löcher dienen den Vögeln als Abflug- und Landeplätze. Auch in Städten wie Kairo erobern Taubenschläge die Dächer, dort jedoch in Form leichter, auf Pfählen ruhender Konstruktionen.

Verschiedenartig konstruierte Taubenschläge in einem Vorort von Kairo, in Dakhla und in Fayum

VORHERGEHENDE DOPPELSEITE, OBEN UND RECHTS: **Marktszenen in Imbaba, einem Stadtteil im Großraum Kairo**

Marktszenen in Imbaba, Kairo

In Ägypten ist die Mechanisierung der Landwirtschaft noch nicht sehr weit fortgeschritten. Eine wichtige Rolle spielen noch immer die Dromedare, die auch wegen ihres Fleischs begehrt sind. Überall im Land werden Kamelmärkte abgehalten. Der bedeutendste, der »Souk al-Gamaal«, fand bislang stets in Imbaba statt, wurde jedoch vor kurzem in den Nordwesten Kairos verlegt. Auf diesem Markt kommen Hunderte Dromedare aus dem Sudan zusammen, dem zweitwichtigsten Land für die Zucht dieser Säugetiere. In Karawanen werden die Dromedare über die traditionelle »40-Tage-Route« durch die Wüste bis nach Oberägypten geführt. Dann setzen sie den Weg bis zu ihrem Bestimmungsort in Lastwagen fort. Oft sind die Tiere nach solch einer langen Reise in einem erbärmlichen Zustand.

FOLGENDE SEITEN: **Kennzeichnungen werden den Dromedaren oft mit geradezu künstlerischer Finesse in das Fell geschnitten. Hier ist eine religiöse Inschrift zu sehen.**

Das jährliche Fest des Scheichs in der Nähe von Gournah, Oberägypten

Im Dorf Gournah, am linken Ufer des Nils in der Nähe von Luxor, wird gefeiert. An einem Kreis von bewundernd blickenden Zuschauern, einem Publikum, das nur aus erwachsenen Männern und jungen Burschen besteht, prescht ein Reiter im Galopp auf seinem Pferd vorbei und schwingt dabei eine lange Lanze. Nach ihm sind zwei Dorfbewohner an der Reihe, die in ihrer Alltagskleidung den Stocktanz aufführen. Musiker lassen ihre Oboen und eine große Trommel erklingen, um diesen traditionellen oberägyptischen Tanz zu begleiten. Indessen versammeln sich die Bäuerinnen, der Sitte gemäß in ihre schwarzen melayas *gehüllt, zur Freude der kleinen Kinder um die Schaukeln der Schausteller.*

Das jährliche Fest des Scheichs in der Nähe von Gournah, Oberägypten

Zweifellos inspirierte der ganz in der Nähe, am Fuße der Berge von Theben und am westlichen Ufer von Luxor gelegene große Tempel von Medinet Habu den Bau dieses Taubenschlags. Er wirkt wie jenes monumentale, von festungsartigen Türmen eingerahmte Eingangstor zu den bedeutendsten Heiligtümern der Pharaonen. Die Tauben werden zum Verzehr gezüchtet. Von erfahrenen Köchinnen mit einer Füllung gestopft, gelten sie als besondere Leckerbissen. Den Taubenmist sammeln die Bauern auf und nutzen ihn als Dünger.

Ein riesiger Taubenschlag in der Nähe von Medinet Habu, Luxor

Auf dem Viehmarkt

Brot wird zum Auftreiben in die Sonne gelegt, Oase Dakhla.

Frauen aus Beni Hassan, Mittelägypten, stellen Butter her.

FOLGENDE DOPPELSEITE: **Das Große Sandmeer, Libysche Wüste**

Christliche Reliefs mit Kreuzmotiven an der Außenmauer des Katharinenklosters, Sinai

Einst lag das orthodoxe Katharinenkloster, das heute mit Autos und Reisebussen über eine gut ausgebaute Straße erreichbar ist, isoliert mitten auf der Sinai-Halbinsel. Noch im 19. Jahrhundert erforderte es große Mühen, diesen Ort zu erreichen. Seit seiner Gründung zu jener Zeit, da Byzanz Ägypten beherrschte, ist dieses christliche Kloster ununterbrochen in Betrieb, so dass die Bewohner über die Jahrhunderte eine Anzahl bedeutender Kunstschätze ansammelten.

Der Mosesberg und, links im Tal, das Katharinenkloster, Sinai, um 1860

FOLGENDE DOPPELSEITE, LINKS: **Gesamtansicht des Katharinenklosters, das an der Stelle errichtet worden sein soll, wo sich der brennende Dornbusch befand**
RECHTS: **Einsiedelei mitten im Sinai**

Ein Unterschlupf der Beduinen im Sinai

Eine Beduinenfamilie während der Teestunde, Sinai

Die Weiße Wüste, ein Teil der Libyschen Wüste

Die Oase Siwa liegt ungefähr 20 Meter unter dem Meeresspiegel in einer Senke. Ihre Palmen- und Olivenhaine bewässert nicht etwa dieser Salzsee, sondern 230 unterirdische Quellen, die auch die Bevölkerung nutzt, um ihren Durst zu stillen. Dieses große Gewässer enthält eine so hohe Salzkonzentration, dass an den Stellen, wo das Wasser verdunstet ist, das Salz als weiße Kruste zurückbleibt.
Zwischen Baharia und Farafra erstreckt sich die spektakuläre Weiße Wüste, eines der Naturwunder Ägyptens. Sie ist von Felsen durchsetzt, die wie Wellen aussehen. Pilze und Eisberge scheinen sich aus diesem seltsamen Meer aus Stein zu erheben, an das sich, weiter im Westen, das Große Sandmeer anschließt.

Der Salzsee der Oase Siwa

Winde haben die Felsen in der Weißen Wüste, einem Teil der Libyschen Wüste, geformt.

FOLGENDE DOPPELSEITE: **Über der Weißen Wüste geht der Mond auf.**

Lärm und Staub

Lärm und Staub

Reisende, die zum ersten Mal eine große ägyptische Stadt erkunden, wo zahllose Passanten unterwegs sind und ein ununterbrochenes Hupkonzert den Straßenverkehr begleitet, fühlen sich oft bedrängt. Kairo, auch »die Siegreiche« genannt, ist eine gigantische Metropole mit 17,5 Millionen Einwohnern und kann sich mit dem Titel »größte Stadt Afrikas« schmücken. Noch 1950 lebten hier gerade mal 2,4 Millionen Seelen … Inzwischen hat sich die Stadt auf die doppelte Größe ausgedehnt. Dabei spielt sich alles auf zwei Ebenen ab: auf dem normalen Grund und Boden und auf den Autobrücken, die Kairo kreuz und quer durchschneiden und die den Autos und anderen motorbetriebenen Fahrzeugen vorbehalten sind. An sechs von sieben Tagen sind die Straßen völlig verstopft. Einzig an Freitagen, wenn Verwaltungen und Büros geschlossen sind, entspannt sich die Lage. Fünfmal am Tag, Woche für Woche, erklingen von Minaretten und anderen erhöhten Stellen über Lautsprecher die Rufe der Muezzins, die die Muslime zum Gebet auffordern. Sogar sie haben Mühe, sich gegen den Lärmpegel der Stadt durchzusetzen. Einen ganz anderen Eindruck von Kairo gewinnt man, wenn man sich auf die Stadt einlässt, sie durchschreitet und ihre Bewohner kennenlernt, die stets bemüht sind, verirrten Fremden den Weg zu weisen. Sehr bald fängt man an, Kairo und die Kairoer zu lieben, und beginnt die zahllosen Facetten jenes Spektakels zu genießen, das sich einem auf den Straßen darbietet. Man lernt die Kontaktfreude der Menschen und die Gespräche zu schätzen, die sich spontan mit Unbekannten ergeben.

Kairo, das ist zunächst die Altstadt mit ihrer Zitadelle, den Moscheen und Mausoleen, deren Kuppeln und Minarette sich gegenseitig an Eleganz überbieten, aber auch die Brunnen, die Koranschulen und die große Nekropole, die Totenstadt. Im 19. Jahrhundert konnte man von Erhebungen wie dem Hügel von Moqattam am südöstlichen Rand der Stadt aus noch das Gesamtbild der Stadt auf einer Fotografie einfangen. Seither hat sie sich ungehindert bis zur Hochebene von Giseh ausgedehnt, wo die Pyramiden sich erheben. Die Weststadt mit ihren Bauten aus der Belle Époque und den luxuriösen Villen hat währenddessen den mittelalterlichen und den modernen Stadtkern umwuchert. Vor allem aufgrund der Landflucht wuchs Kairo in der zweiten Hälfte des 20. Jahrhunderts ungebremst weiter. Mittlerweile haben sich im Westen neue Stadtteile in ländliche Gebiete hineingefressen, und auch der Flughafen im Osten wird bald schon von Stadtgebieten umbaut sein.

Die Altstadt Kairos aber hat sich wider Erwarten, obwohl sie mit architektonischen Schätzen reich beschenkt ist, nicht in ein Freiluftmuseum verwandelt. Noch immer gibt es überall Basare. Und auch wenn der Khan-el-Khalili-Basar mit seinem Angebot an ägyptischen Andenken inzwischen ganz auf Touristen ausgerichtet ist, hat er doch sein pittoreskes Erscheinungsbild gewahrt. Auch am traditionell freundlichen Umgang mit Kunden hat sich nichts geändert. Gutgelaunt wird verhandelt, während der Kunde das großzügig angebotene Getränk zu sich nimmt. Der Duft der Gewürze, der sich überall breitmacht, erinnert den Besucher daran, dass er im Orient ist. In den Gassen rund um den Basar, wo vereinzelt noch alte Häuser stehen, bieten Händler preiswerte Kleidungsstücke sowie Küchenutensilien an. Wie in früheren Zeiten arbeiten in diesem *souk* noch zahlreiche Kunsthandwerker in Buden oder kleinen Werkstätten direkt unter den Augen ihrer Kunden. Die einzelnen Geschäfte sind nach Warengruppen und Dienstleistungen angeordnet.

Die Sultan-Hassan-Moschee, Kairo, um 1857

Hier arbeiten die Juweliere, dort dreht sich alles um Stoffe, weiter hinten werkeln die Schmiede. Auch höchst lebendige Märkte werden in diesem Viertel abgehalten, zum Beispiel der Zwiebelmarkt, der sich vor dem Bab el-Foutou, einem Tor der Stadtmauer aus dem 11. Jahrhundert, ausbreitet. Bestrebungen, das Viertel zu sanieren, drohen diese Märkte jedoch an den Stadtrand von Kairo zu verdrängen.

Spaziert man durch die Straßen dieses alten Viertels, weiß man kaum, wo man zuerst hinschauen soll. Überall sind Monumente islamischer Kultur zu bestaunen, während das Treiben auf den Straßen unablässig Aufmerksamkeit einfordert. Doch aufgepasst vor jenen eilig und geschickt agierenden Verkäufern, die ihre Waren auf Rollkarren durch die Menge schieben und mit einem ungeduldigen »Psst, psst!« auf sich aufmerksam machen … Man tut gut daran, schnell aus dem Weg zu gehen. Vorsicht ist auch bei Fahrrädern, die große, mit Broten vollgeladene Platten transportieren, und bei Mopeds geboten, die sich im Zickzack ihren Weg durch die Passanten bahnen.

In diesem wie auch in anderen Vierteln Kairos oder den übrigen Großstädten des Landes werden noch zahllose Handwerksberufe ausgeübt, die hierzulande längst verschwunden sind. Durch alle Straßen ziehen Handkarren oder Eselfuhrwerke, vollbeladen mit Gemüse oder Früchten. Da gibt es kleine Läden und Garküchen, in denen aus Saubohnen *foul*, ein würziger Brei, und *tamiyya*, frittierte Bohnenbällchen, zubereitet werden, und Auslagen, die unter allerlei Plunder und Kannen beinah zusammenbrechen. Solche bescheidenen Geschäfte ernähren ganze Familien. Doch trotz der Armut und den schwierigen Lebensbedingungen, mit denen die meisten Ägypter zurechtkommen müssen, verlieren diese Menschen nie ihre gute Laune. Bezeichnend dafür ist die *nokta*, eine Form von Humor, die virtuos das Lachen über sich selbst mit Ironie verknüpft. Es handelt sich hier um ein Erbe aus der Zeit der Pharaonen. Schon damals hat man sich an Satire ergötzt, um das Leben nicht ganz so ernst nehmen zu müssen. Die Ägypter können sich selbst über Nichtigkeiten amüsieren, so dass es leicht fällt, mit ihnen gemeinsam zu lachen.

Wenn sie sich an Ruhetagen entspannen oder an Sommerabenden den überhitzten Wohnungen entkommen wollen, verbringen die einfachen Leute ihre Zeit an den Ufern des Nils oder bummeln durch eine der wenigen Grünanlagen. Eben weil es so wenig Grün gibt, lassen sich viele zum Picknick sogar auf den Mittelstreifen der Straßen nieder. Der Verkehr kümmert sie dabei überhaupt nicht! Die fußballbegeisterten jungen Burschen nutzen jede noch so kleine Fläche, um mit einem Ball zu spielen. An Festtagen – jenen, die mit dem Ramadan zusammenhängen, dem Geburtstag des Propheten, oder auch zu Sham el-Nessim, dem Frühlingsfest – schiebt sich eine noch viel größere Menge an Menschen durch die Straßen als an normalen Tagen. Ob Sommer oder Winter, Tag oder Nacht, der Herzschlag dieser Stadt ist zwar gelegentlich etwas langsam, setzt aber nie aus.

AUSKLAPPSEITEN: **Panoramaansicht von Kairo, vom Moqattam-Hügel aus gesehen: Links sind in der Ferne die Pyramiden von Giseh zu erkennen, um 1870.**

Die Veränderungen, denen Kairo vom letzten Drittel des 19. Jahrhunderts bis zum 21. Jahrhundert unterworfen war, sind drastisch. Einst waren die Pyramiden von der Stadt aus in der Ferne zu sehen. Heute kann sich die Hochebene von Giseh der krakenhaften Auswüchse der Metropole kaum noch erwehren. Ähnlich erging es der ausgedehnten Totenstadt am Fuße der Zitadelle und der Moschee des Vizekönigs Mehmet Ali (1769–1849). Mit ihren verlassenen Monumenten war sie einst ein Hort der Romantik. In unseren Tagen haben die Lebenden ihre Behausungen einfach zwischen die Gräber gebaut, wenn sie diese nicht gar beiseitegeräumt haben.

Blick von der Zitadelle, im Vordergrund die Totenstadt, um 1870

VORHERGEHENDE DOPPELSEITE: **Die einstige Nekropole der Mamelucken mit den Mausoleen der Sultane Qait Bay, Barsbay und Ibn Barquq**

Der Blick von der Zitadelle, wie er sich heute darbietet

VORHERGEHENDE DOPPELSEITE, LINKS: **Ibn-Tulun-Moschee, Kairo**
RECHTS: **Das 970 unter den fatimidischen Kalifen erbaute Doppelminarett der Al-Azhar-Moschee**

Das Portal der Kirche Saint-André-d'Acre, eine Kriegstrophäe aus dem Jahr 1291, wurde in den Komplex der Mohammed-an-Nasir-ben-Qalaoun-Moschee in Kairo eingebaut.

RECHTE SEITE: ***Madrassa* (theologische Schule) des Sultans Barquq, Kairo**

Spaziert man durch die Straßen und Gassen des alten islamischen Viertels von Kairo, ist man stets willkommen, eine Rast in einer Moschee einzulegen. Nachdem man die Schuhe, wie die Sitte es verlangt, am Eingang zurückgelassen hat, ist man bald von der Ruhe dieser Orte verzaubert, die in so großem Gegensatz zum lärmenden Treiben draußen steht. Mitten im Hof befinden sich die Brunnen für die Waschungen, deren sanftes Plätschern vor allem bei drückender Hitze angenehm wirkt. In manchen Moscheen kann man bis in die Spitze des Minaretts steigen, ein Erlebnis, das man wegen des weiten Blicks über das Viertel und über Kairo nicht versäumen sollte. Kuppeln und Minarette sind von einem Halbmond bekrönt, dem Symbol des Islam.

RECHTS UND FOLGENDE DOPPELSEITE, RECHTS: **Brunnen der *madrassa* des Sultans Barquq, Kairo**

FOLGENDE DOPPELSEITE, LINKS: **Brunnen für die Waschungen in der Sultan-Hassan-Moschee, Kairo, um 1857**

Die im islamischen Stil ausgestatteten Häuser der Altstadt von Kairo unterschieden sich durch ihre jeweiligen moucharabiehs. *Diese fein aus Holz geschnitzten Gitterwerke schlossen die auf die Straße gehenden Balkone und Fenster des Harems oder des Gebäudeteils ab, der den Frauen vorbehalten war. So konnten die weiblichen Bewohner einen Blick nach draußen werfen, ohne selbst gesehen zu werden. Die meisten dieser alten Wohnhäuser sind verschwunden, doch einige frisch restaurierte Gebäude sind noch zu entdecken.*

Moucharabiehs **im Viertel Ibn Tulun, Kairo, um 1880**

RECHTE SEITE: **Arabisches Lebensmittelgeschäft, um 1880**

شارع حمام المصبغة
CHAREH
HAMMAM EL MASBAGHA

Eine Mokkatasse und eine *kanaka*, in der das Getränk zubereitet wird

VORHERGEHENDE DOPPELSEITE: **Ein Kind klettert am Gitter einer Schule empor, Al-Azhar-Viertel, Kairo.**

Ein Straßenhändler verkauft Süßholzsaft, Kairo.

Ein Raucher mit seiner *chicha*

Auf dem Markt von Imbaba kocht ein Bauer Innereien.

Auf seinem Kopf ein Tablett, das genauso groß ist wie er selbst, macht sich dieser Junge auf, Straßenhändler und Imbisse mit Brot zu beliefern. Die Fladen kommen frisch aus dem Ofen und sind noch ganz aufgeblasen. Im Hintergrund spricht ein Mann in sein Handy. Solche Szenen, in denen Tradition und Moderne aufeinandertreffen, sind in Kairo inzwischen häufig zu beobachten. Noch vor rund 20 Jahren konnten sich nur sehr wenige Ägypter den Luxus eines Telefonanschlusses erlauben. Die Mobiltelefone haben die Kommunikation revolutioniert und sie für die meisten Menschen erschwinglich gemacht.

Brotfladen werden ausgeliefert, Kairo.

Die Ägypter sind leidenschaftliche Feinschmecker und begierig nach Zucker in jeder Form. Vor allem ihren Kaffee oder Tee süßen sie reichlich damit. Unter den Straßenhändlern gibt es auch einige, die Leckereien und Kuchen anbieten. Die basboussa *(Grießkuchen) auf dem großen, runden Tablett findet schnell Abnehmer.*

Süßigkeitenhändler, Kairo

SALOON HAIR DRESSER
WADY ELMELOUK
CAFE
وادى الملوك

Fladenverkäufer

Ein Café in Luxor: Das Porträt in der Mitte zeigt die berühmte Sängerin Oum Kalsoum, die beiden anderen links und rechts zwei bekannte Fußballspieler.

Gymnastikunterricht an einer Schule, Luxor

Gelassen tut der *chaouich*, ein Straßenpolizist, seinen Dienst.

Junge Mädchen gehen an der Mole von Alexandria, der nach Kairo zweitgrößten Stadt Ägyptens, spazieren. Das Kopftuch, das im Gegensatz zur traditionellen melaya *der Frauen aus dem Volk noch vor 20 Jahren kaum in Gebrauch war, hat sich in Windeseile verbreitet. Auch lange Ärmel und Röcke, die den gesamten Körper bedecken, sind für Frauen Pflicht. Es kommt nicht selten vor, dass man im Sommer am Meer oder im Schwimmbad Frauen sieht, die wie die Frauen Europas zu jener Zeit, da sie zum ersten Mal öffentlich zum Schwimmen gingen, auch im Wasser von Kopf bis Fuß bekleidet sind. Wie Kairo hat sich auch Alexandria stark verändert. Die lange Küstenlinie der Stadt zum Beispiel wird inzwischen vollständig von Gebäuden gesäumt.*

An der Mole von Alexandria

FOLGENDE DOPPELSEITE: **Sonnenuntergang über den Pyramiden, vom Minarett der Ibn-Tulun-Moschee aus gesehen**

Von der Ewigkeit

Auch wenn ihn das zeitgenössische Ägypten, der heutige Lebensalltag oder die Bewohner des Niltals noch so sehr interessieren, vermag kein Fotograf sich der Faszination des alten Ägyptens zu entziehen. Um die große Vergangenheit dieses Landes kommt man einfach nicht herum. Die Pharaonen sind allgegenwärtig, es gibt kaum einen Ort, der nicht irgendein Zeugnis jener Kultur bewahrt hat. Die Pyramiden von Giseh sind natürlich das spektakulärste Monument. Schon die alten Griechen zählten die große Cheops-Pyramide wie den Artemis-Tempel in Ephesos, den Koloss von Rhodos oder die Hängenden Gärten von Babylon zu den sieben Weltwundern. Dieses standhafte, steinerne Bauensemble hat die Jahrhunderte als Einziges einigermaßen unbeschadet überstanden. Dabei gab es durchaus Versuche, die Pyramiden zu zerstören. Lange Zeit wurden sie nämlich als Steinbruch zum Bau von Häusern in Kairo benutzt, wodurch sie ihre schöne Ummantelung aus weißem, glattem Kalk verloren. Doch der aus mächtigen Steinblöcken gebaute Kern der Pyramiden von Giseh ist bestehen geblieben. Seit jeher ist eine Besichtigung Pflichtbestandteil jedes Ägyptenbesuchs. Ob man als Pilger, Händler, Wissenschaftler oder einfacher Tourist nach Ägypten reist – allein schon wegen dieser Monumente lohnt sich die Fahrt über das Mittelmeer. Während des 19. und eines Teils des 20. Jahrhunderts gehörte der – heute verbotene – Aufstieg auf die Spitze der Cheops-Pyramide zu den Hauptattraktionen. Wendige und konditionsstarke Führer machten daraus sogar ein Geschäft. Sie zogen, drückten und hoben die atemlosen Touristen Block für Block hinauf zur Spitze … Welch gutes Gefühl stellte sich ein, als sie endlich den Fuß auf den obersten Stein setzen, auf die anderen Pyramiden hinab und hinüber nach Kairo schauen konnten!

Die Touristen des 19. Jahrhunderts besaßen das Privileg, das Ägypten der Pharaonen zur gleichen Zeit wie die Archäologen entdecken zu können. Die Forschungsarbeiten hatten damals gerade erst begonnen. Die ägyptische Denkmalbehörde, 1858 auf Betreiben des Franzosen Auguste Mariette gegründet, hatte alle Hände voll zu tun: Verschüttete Monumente mussten freigelegt, restauriert und geschützt, Besuchsprogramme organisiert und die Ausgrabungen an Tempeln und Grabstätten, die damals noch öfter von Schatzsuchern als von Archäologen aufgesucht wurden, geplant und realisiert werden. Eilends gründete Mariette das Museum von Kairo, in das alle ausgegrabenen Objekte aufgenommen wurden. Zuerst befand es sich in Boulaq, dann eine Zeit lang in Giseh, bis es 1902 seine Pforten im Zentrum der Hauptstadt öffnete. Bald schon wird ein neues Museum eingerichtet sein, das notwendig wurde, weil die Sammlung im Verlauf des 20. Jahrhunderts ungewöhnlich stark angewachsen ist.

Touristen und Fotografen waren also dabei, als die Große Sphinx von Sandmassen und die Tempel Oberägyptens von Schutt, Häusern und anderen Bauten befreit wurden. Als Ende 1922 schließlich das Grab Tut-ench-amuns entdeckt wurde, strömten die Reisenden scharenweise ins Tal der Könige. Der angeblich todbringende Fluch des Pharaos, übrigens eine Erfindung der britischen Presse, konnte sie nicht schrecken.

Trotz begrenzter finanzieller Mittel wurde bislang Unglaubliches geleistet. Das heißt aber nicht, dass die Archäologen heute nichts mehr zu tun hätten. Noch immer gibt es zahlreiche Ausgrabungsstätten, und aus Presseberichten erfährt man regelmäßig von neuen Entdeckungen. Restaurierungen und die Erstellung von Veröffentlichungen und Studien zu den Bauwerken werden aktiver betrieben als je zuvor. Vom Herbst bis zum Frühjahr finden sich Archäologenteams aus aller Herren Ländern in Ägypten ein und versuchen geduldig, das Geschichtspuzzle der Pharaonenzeit weiter zusammenzusetzen.

Der Umstand, dass auch das Interesse von Reisenden und Touristen während der letzten Jahrzehnte nie erlahmte, hat mit der außerordentlichen Qualität der Kulturzeugnisse zu tun, die Ägypten zu bieten hat. Ob man sich Kolosse von 20 Metern Höhe anschaut wie jene Figuren von Ramses II. vor dem großen Tempel von Abu Simbel oder kleine Skulpturen von nur wenigen Zentimetern Länge – die Bildhauerarbeiten sind in beiden Fällen meisterlich. Das Gleiche gilt für die Malereien in manchen Grabanlagen, deren guter Zustand dem Betrachter den Eindruck vermittelt, die Künstler hätten gerade erst ihre Pinsel niedergelegt und den Ort verlassen. In den Tempeln, die den Göttern und Pharaonen gewidmet sind, wirkt diese Kunst, deren Bestimmung es war, die Schöpfung zu erneuern und die Königsherrschaft zu untermauern, grandios und hieratisch. Dasselbe gilt für die unterirdischen Grüfte der Könige und Königinnen, wo die Kunst die Aufgabe hatte, die Wiedergeburt und das Überleben der Herrscher zu sichern. In den Gräbern von Einzelpersönlichkeiten jedoch hat sie einen intimeren Charakter. Alltagsszenen und Darstellungen von Totenriten zieren die Ruhestätten von Würdenträgern der höheren oder mittleren Ränge, jenen, die über genügend Mittel verfügten, sich ein solches Grab bauen zu lassen. Steht man diesen Malereien gegenüber, sind Erläuterungen von Experten überflüssig. Der Betrachter erkennt Bauern, die ihr Feld bestellen und die Saat ausbringen, Schreiner, die Sessel, Stühle oder Betten bauen, oder auch Arbeiter, die Lehmziegel formen. Ein paar Schritte weiter sind ein Konzert und eine Aufführung von Tänzerinnen zu sehen, die anlässlich eines üppigen Banketts gegeben wurden. Die wohlhabenden Ägypter waren sich der Kürze ihrer irdischen Existenz wohl bewusst und frönten allen nur erdenklichen Vergnügungen. In einer Zeit, als die Lebenserwartung noch sehr niedrig war, hatten sie dabei das Jenseits stets im Blick. Grund genug also, sich schon frühzeitig auf die Existenz in einer anderen Welt vorzubereiten. Wenn dann die Zeit kam, vom irdischen Leben Abschied zu nehmen, war das Grab mitsamt der Ausstattung, deren ein Toter bedurfte, schon vorbereitet, und der Verstorbene musste nur noch einbalsamiert werden. Damals glaubte man, eine Mumie würde alle stofflichen und geistigen Elemente, die einen Menschen ausmachten, bewahren, so dass der Tote im Jenseits weiterleben könne. Daher war die Ausstattung der Totenstätte für ein glückliches ewiges Leben von entscheidender Bedeutung. Für den westlichen Betrachter sind die Mumien aber auch in anderer Hinsicht faszinierend. Ihre Haare und ihre Gesichter sind manchmal noch so gut erhalten, dass man den Eindruck gewinnt, die Ägypter hätten ihr Ziel, den Tod zu besiegen, tatsächlich erreicht. Den Kampf gegen das Vergessen haben sie in jedem Fall gewonnen.

KAPITELEINGANG: **Die Sphinx, um 1875**

FOLGENDE DOPPELSEITE, LINKS: **Der Patriarch wirkt wie ein Weiser, um 1875.**
RECHTS: **Das Hochwasser des Nils reicht bis zum Fuß der Pyramiden. In der Ferne ist die noch von Sand bedeckte Sphinx zu sehen, um 1857.**

In den 1980er und 1990er Jahren erkundete eine französische Forschergruppe systematisch das am westlichen Ufer des Nils bei Luxor gelegene Tal der Königinnen und rekonstruierte dessen Geschichte. Während der 18. Dynastie (1540–1292 vor Christus) befanden sich an diesem Ort nur schmucklose Gräber von Prinzen und hohen Würdenträgern. Erst mit der Herrschaft von Ramses I., dem Gründer der 19. Dynastie (1292–1186 vor Christus), und seiner Gemahlin Satre wurden auf diesem Friedhof auch Gräber von Königinnen angelegt. Die Wände dieser Grüfte sind mit prächtigen Malereien geschmückt. Zu den schönsten unter ihnen zählen die Wandbilder im Grab der Königin Nefertari und in den Gräbern der Söhne von Ramses III.

Die Grabungsarbeiten begannen mit Sonnenaufgang, also gegen sechs Uhr morgens, und dauerten bis zum Mittag an. Im Laufe des Forschungsprojekts entwickelten sich die ägyptischen Bauern zu wahren Archäologen. Manchmal stimmten sie, um sich gegenseitig Mut zu machen, gemeinsam einen Chor an.

Grabungsarbeiten im Tal der Königinnen, Luxor

Ende des 19. Jahrhunderts herrschte an der Cheops-Pyramide großer Andrang. Führer warteten auf wagemutige Touristen, die das Monument besteigen wollten. Ihr Geschäft muss einträglich gewesen sein, wie die Zahl der Wartenden verdeutlicht. Selbst Frauen ließen sich auf das Abenteuer ein. Da sie jedoch mit ihren schweren, langen Roben und den federgeschmückten Hüten, von denen sie sich partout nicht trennen wollten, unbeweglicher als ihre männlichen Begleiter waren, band man ihnen einen langen Stoffgurt um die Taille, an dem sie hochgezogen und danach auch wieder herabgelassen wurden.

Touristen erklettern die Pyramiden, um 1875.

LINKE SEITE: **Arbeiter sieben den Schutt, damit auch kleine Objekte nicht verlorengehen, Tal der Königinnen, Luxor.**

Geduldig warten die Führer am Eingang zur Cheops-Pyramide, um 1875.

RECHTE SEITE: **Die Sphinx und die Cheops-Pyramide, im Vordergrund der Taltempel des Chephren, um 1880**

Die Sphinx mit ihrem Löwenkörper und dem Kopf des Pharaos Chephren war im 19. Jahrhundert, ganz zu schweigen vom 20. Jahrhundert, eines der Lieblingsmotive der Fotografen. Zwischen 1870 und 1875 war die mächtigste Kolossalstatue aus dem alten Ägypten (72,55 Meter lang) noch mit Sand bedeckt. Zwar hatte man sie zuvor schon zweimal freigeschaufelt, doch der Wind der Hochebene von Giseh hatte die Vertiefung, aus der sie herausgearbeitet worden war, immer wieder mit Sand angefüllt. In den Jahren 1885 und 1886 wurde die Sphinx dann mit Hilfe der ägyptischen Denkmalbehörde wieder befreit, 1902 fanden um die Figur herum systematische Grabungen statt. Dass die Zerstörung der Nase der Sphinx auf Napoleon zurückzuführen sei, ist übrigens ein Gerücht, das jeder Grundlage entbehrt. Vielmehr waren es religiöse Eiferer des Mittelalters, die damit die heidnischen Bräuche im Zusammenhang mit der Statue unterbinden wollten.

Die Sphinx und die große Cheops-Pyramide

FOLGENDE DOPPELSEITE, LINKS: **Der Säulensaal des Tempels von Karnak, um 1870**
RECHTS: **Pylon und ein Obelisk im Tempel von Luxor, um 1870**

Bonfils

Auf einem Wandbild im Grab des Prinzen Amunherchepeschef im Tal der Königinnen ist zu sehen, wie Pharao Ramses III. seinen Sohn im Jenseits den Göttern vorstellt. Wie auf den Reliefs im Grab des Pharaos Horemheb im Tal der Könige präsentiert sich der Pharao auf diesen mit großer Feinheit gemalten Bildern vor Anubis, Hathor, Horus und Isis, die ihm die Wiedergeburt und das Fortleben zusichern. Pharao Thutmosis III. hat für die Kammer seines Sarkophags Motive aus dem Buch Amduat als Schmuck ausgewählt. Die zwölf Bilder in der königlichen Grabstätte sind wie ein riesiger Papyrus über die gesamte Wandfläche angelegt. Im Grab des Inherkhau durchbohrt die Sonnenkatze aus Heliopolis, ein Wesen mit Hasenohren, die Schlange Apophis, Inkarnation des Chaos. Anubis öffnet in einer Zeremonie der Mumie des Inherkhau den Mund, um ihr wieder Lebenskräfte einzuhauchen.

Grab des Prinzen Amunherchepeschef, des Sohnes von Ramses III., 20. Dynastie, Tal der Königinnen, Luxor

VORHERGEHENDE DOPPELSEITE: **Wächter am Tempel von Kom Ombo**

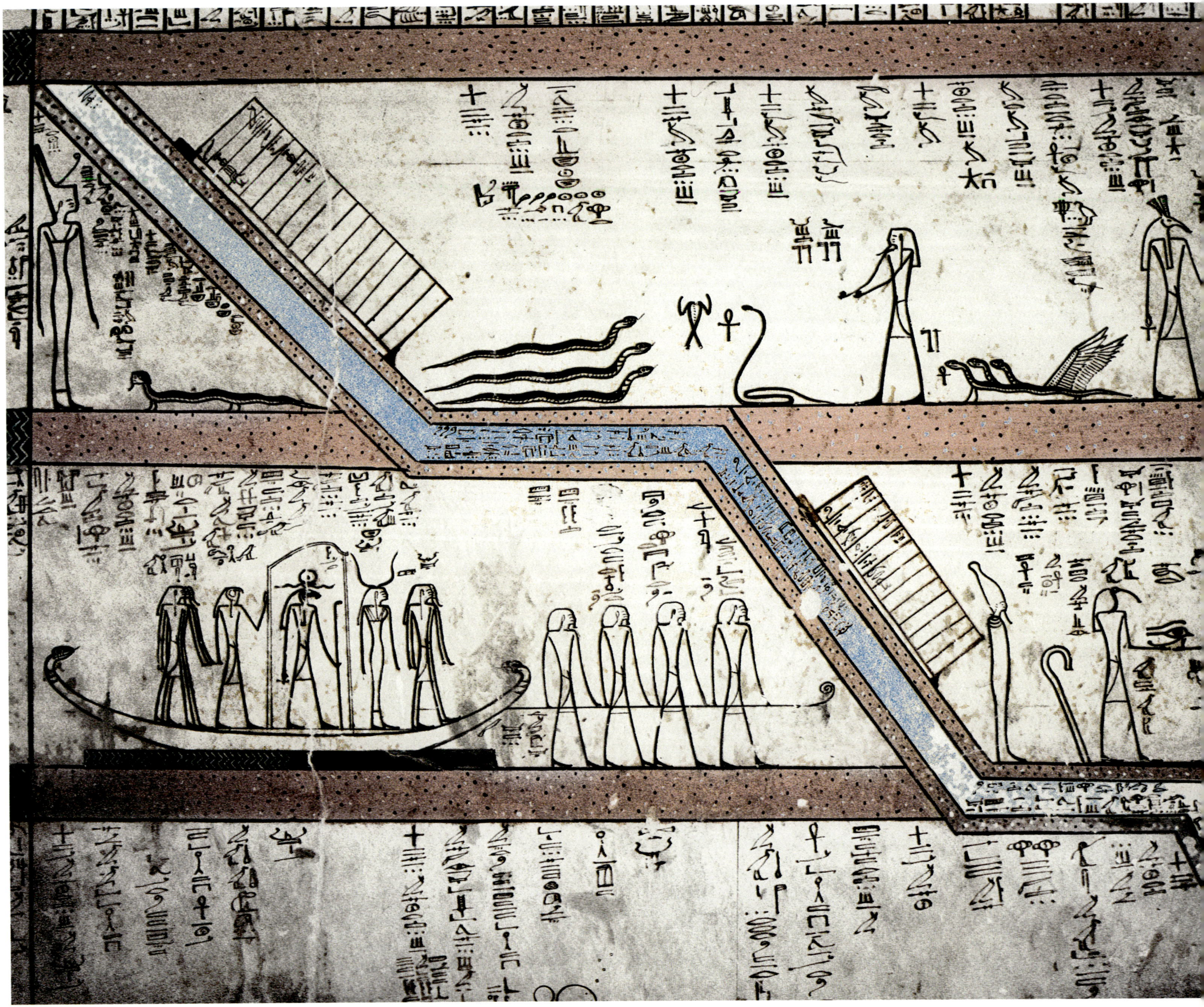

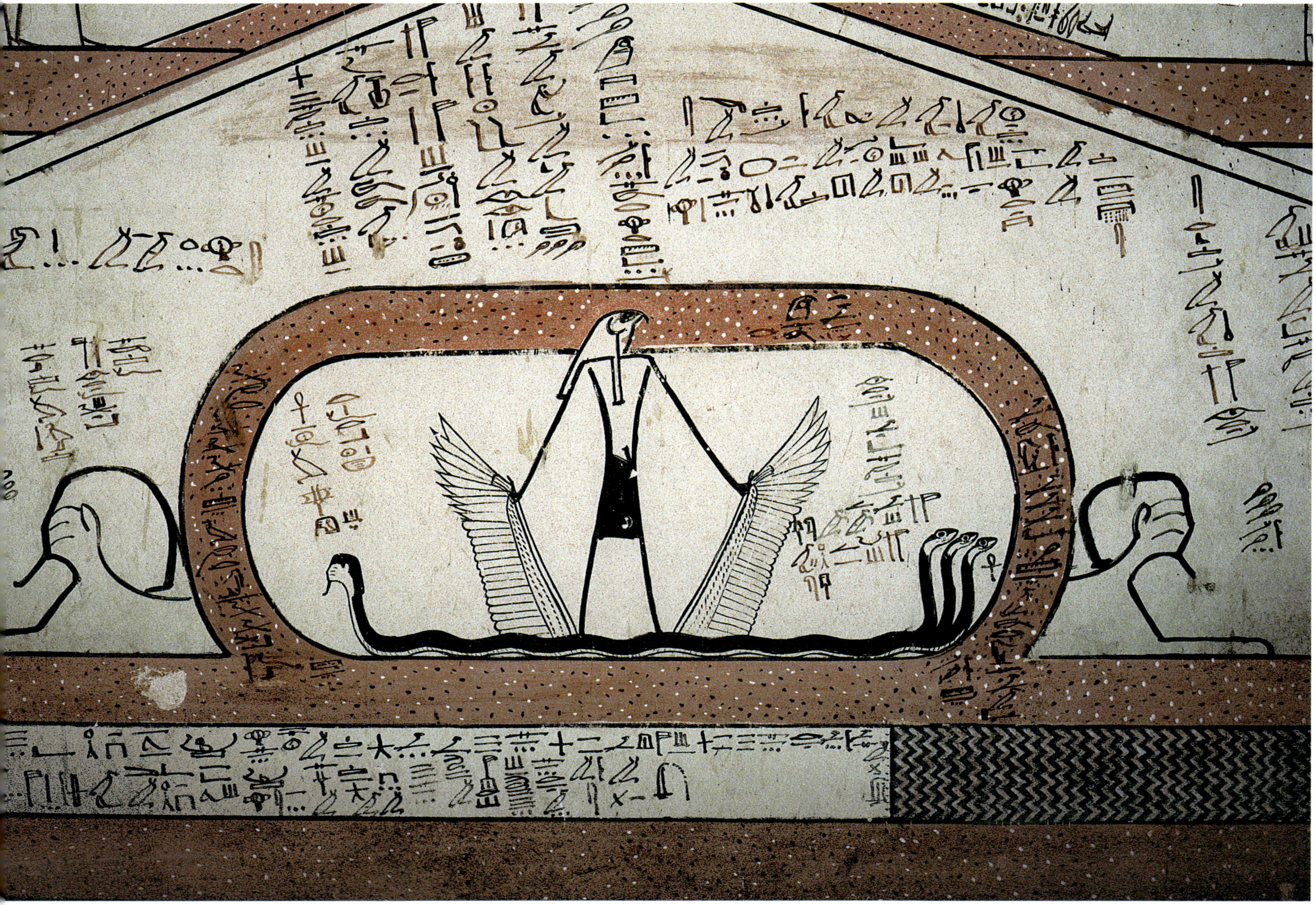

Grab des Thutmosis III., 18. Dynastie, Tal der Könige, Luxor

Grab des Horemheb, 18. Dynastie, Tal der Könige, Luxor

FOLGENDE DOPPELSEITE: **Grab des Inherkhau, Deir el-Medineh, Dorf der Kunsthandwerker, Luxor**

Das Grab der Königin Nefertari, Lieblingsfrau von Ramses II., ist mit seinen besonders feinen, in lebhaften Farben erstrahlenden Wandmalereien das schönste im Tal der Königinnen. Durch den nicht abreißenden Strom von Besuchern hatten die Malereien allerdings so sehr gelitten, dass das Grabmal für das Publikum geschlossen und restauriert werden musste. Auf ihrem Kopf trägt die Königin den Balg eines Geiers, aus dem oft zwei lange Federn ragen.

Grab der Nefertari, 19. Dynastie, Tal der Königinnen, Luxor

Das Grab des Sennefer, des Bürgermeisters von Theben, auch »Grab der Weinlauben« genannt, ist eines der originellsten Gräber der thebanischen Nekropole. Die Künstler nutzten die Unebenheiten der Decke, um sie zu einer Weinlaube umzugestalten, von der Ranken und Reben herabhängen.

Grab des Sennefer, 18. Dynastie, Berge von Theben, Luxor

Grab der Nefertari, 19. Dynastie, Tal der Königinnen, Luxor

Die Memnonkolosse, Luxor, um 1875

Ruinen des Ramesseums, des Grabtempels von Ramses II., in der Ferne die Memnonkolosse, um 1880

Mumie im Museum von Giseh, aus dem später das Ägyptische Museum in Kairo hervorging

Im 19. Jahrhundert gelangten Reisende mit einer dahabieh über den Nil zu den Bauwerken von Abu Simbel, die der italienische Abenteurer Giovanni Battista Belzoni 1817 von Sandmassen befreit hatte. Zwischen 1870 und 1880 erstreckte sich der Sand noch bis an die Ränder des großen Tempels. Die Mumie Ramses' II. wurde 1881 gleichzeitig mit anderen sterblichen Überresten von Pharaonen des Neuen Reichs (1540–1070 vor Christus) in ihrem Versteck in Deir el-Bahari entdeckt und anschließend im Museum von Giseh ausgestellt. Von 1891 bis 1902 fungierte dieses Museum als Bindeglied zwischen dem ersten, in Boulaq eingerichteten Museum von Kairo und dem heutigen Museum, mit dessen Bau 1897 begonnen wurde. Ramses II. starb mit 91 Jahren, nachdem er 66 Jahre lang den Thron Ägyptens innegehabt hatte.

Fassade des großen Tempels von Abu Simbel, um 1875

Die vier sitzenden Figuren von Ramses II., die vor der Fassade des mächtigen Abu-Simbel-Tempels wachen, sind nach der Großen Sphinx von Giseh die gewaltigsten je im alten Ägypten geschaffenen Statuen. Als nur wenige Jahre nach seiner Vollendung ein Erdbeben den Tempel erschütterte, stürzte der Oberkörper eines der Kolosse zusammen und konnte nicht wieder aufgebaut werden. Die drei verbliebenen Skulpturen zeugen noch heute vom außergewöhnlichen Können der Bildhauer, die der König aus Nubien beorderte, um die Statuen und das benachbarte Heiligtum zu gestalten. Der Tempel ist der Göttin Hathor gewidmet, mit der sich Königin Nefertari verglich. Durch den Bau des Assuandamms drohten die Monumente von Abu Simbel im aufgestauten Wasser des Nassersees zu versinken. In einer beispiellosen Rettungsaktion, die eines Ramses würdig war, wurden die in den Fels gehauenen Monumente zerteilt und 60 Meter oberhalb ihres ursprünglichen Standorts wieder aufgebaut.

Monumentalstatuen von Ramses II., Tempel von Abu Simbel

Der Tempel von Denderah liegt rund 60 Kilometer nördlich von Luxor, in sicherer Entfernung von größeren Orten wie Kairo, deren Bedarf an Bausteinen unersättlich war. Über die Jahrhunderte angesammelter Schutt hatte das der Göttin Hathor gewidmete Bauwerk zu Teilen verborgen. Im 19. Jahrhundert machte es die ägyptische Denkmalbehörde wieder zugänglich. Zusammen mit den ebenfalls in Oberägypten liegenden Heiligtümern von Edfou und Philae zählt dieser Tempel zu den besterhaltenen des Landes. Auch der unter Sethi I., dem Vater von Ramses II., errichtete Tempel von Abydos hatte das Glück, nicht als Steinbruch missbraucht zu werden. Seine pharaonischen Reliefs sind die wohl herausragendsten Zeugnisse ihrer Art. Im 19. Jahrhundert begann man, die Decke des Bauwerks zu rekonstruieren, so dass die bemalten Reliefs heute nicht mehr dem Tageslicht ausgesetzt sind, wie noch auf dem Foto dargestellt.

König Sethi I. in Gegenwart von Göttern, Tempel von Abydos, um 1875

LINKE SEITE: **Der Tempel von Denderah, noch von Sand bedeckt, um 1870**

Der unter den Pharaonen Amenophis III. und Ramses II. erbaute Tempel von Luxor kann für sich in Anspruch nehmen, eines der homogensten Tempelbauwerke Ägyptens zu sein. Nach der Schließung aller heidnischen Tempel entsprechend dem 391 ergangenen Dekret des römischen Kaisers Theodosius I. geriet er in Vergessenheit und wurde nach und nach vom Erdreich überdeckt. Schließlich war das Heiligtum so weit zugeschüttet, dass im Mittelalter über einem Teil seines ehemaligen Hofs, oberhalb der Säulen von Ramses II., eine Moschee errichtet wurde. Seit der Tempel freigeschaufelt wurde, thront die Moschee hoch oben auf den Ruinen. Hinter dem Pylon, der monumentalen Eingangspforte, ragt ein Obelisk in die Höhe, das Gegenstück zu dem Obelisken auf der Place de la Concorde in Paris. Nun korrespondiert er mit dem Minarett der Moschee.

Die über dem Tempel von Luxor erbaute Abu-el-Haggag-Moschee

Am Fuße des Pylons vor dem Tempel von Luxor ließ Ramses II. nicht nur zwei Obelisken errichten, sondern auch Kolossalstatuen, die ihn sitzend und stehend darstellen. In der Mitte der seitlich in den Thron gravierten Darstellungen ist eine der zwei Kartuschen des Pharaos zu sehen. Das Oval umrahmt den Geburtsnamen des Herrschers, hier »Ramses, der von Amon Geliebte«, und seinen Krönungsnamen. Die Reliefs der Epoche Ramses' III. lassen sich an den tief eingravierten Zeichen erkennen. Der Krönungsname des Herrschers, »User-maat-Re mer-Amun«, übersetzt »Mächtig ist die Wahrheit des Re, des Geliebten von Amon«, wird von zwei Kobras bewacht, die die Doppelkrone für Ober- und Unterägypten tragen. Die Schlangen sind Inkarnationen der Göttinnen, welche die beiden Regionen des Landes beschützen. Diese Kartusche ist an der Basis einer Säule im Tempel von Medinet Habu zu sehen.

Monumentalstatue von Ramses II., Luxor

Kartusche von Ramses III., Tempel von Medinet Habu, Luxor

Der heilige See mit dem Tempel von Karnak, um 1870

Karnak, Eingangspforte und Pylon des Tempels von Khonsu, um 1870

Die Pyramide des Pharaos Djoser auf der Hochebene von Sakkara dominiert die Grabanlage des Herrschers. Sie ist nicht nur das erste große Bauwerk aus Stein, sondern auch die erste Pyramide Ägyptens. In sechs Stufen gegliedert, ragt sie 60 Meter hoch. Unter ihr verbergen sich beeindruckende unterirdische Gemächer, die auf zwei Ebenen angelegt und über einen 28 Meter tiefen Schacht erreichbar sind. In diesen Räumen entdeckten Archäologen zwar Tausende von Steinvasen, nicht aber die Mumie des Herrschers, die vermutlich schon bei den ersten Plünderungen zur Zeit der Pharaonen verschwunden war. Unter der 4. Dynastie entwickelten die Pharaonen die Form der Pyramiden weiter und versahen sie, wie auch die Pyramiden von Giseh, mit glatten Seitenflächen.

Stufenpyramide des Pharaos Djoser in Sakkara

FOLGENDE DOPPELSEITE: **Die Augen des Horus, Grab des Sennefer, 18. Dynastie, Berge von Theben, Luxor**

DANKSAGUNG

Dieses Werk ist meiner Frau Noha und meiner Tochter Marilyn gewidmet. Ihnen danke ich dafür, dass sie meinen Alltag unter der Sonne von Kairo und von Paris erhellen. In Liebe …

Mein Dank geht an Christiane Desroches Noblecourt, die mir als Erste geholfen hat, Ägypten zu entdecken, und das auf ungewöhnliche Weise.

Besonders verbunden fühle ich mich den Menschen Ägyptens, die mir Gastfreundschaft, Liebenswürdigkeit und Herzlichkeit entgegenbrachten.

Hervé de La Martinière danke ich herzlich für das in mich gesetzte Vertrauen, Brigitte dafür, dass sie an dieses Projekt geglaubt hat, Audrey für das Layout, Isabelle, Marie und Cécile für ihr Feingefühl und ihren Humor, wenn es darum ging, meine überbordenden und gelegentlich etwas unausgegorenen Ideen zurechtzustutzen.

Ein großes Dankeschön gilt schließlich all jenen, die ich hier nicht nennen konnte, ohne deren Mitwirkung dieses Buch jedoch ganz gewiss nicht zustande gekommen wäre.

BILDNACHWEIS

Die historischen Fotografien entstanden zwischen 1857 und 1880.

Seiten 32 und 155: Hippolyte Arnoux

Seiten 14–15, 34, 176 und 174: Antonio Beato

Seiten 4, 156 und 157: Félix Bonfils

Seite 89: Francis Frith

Seiten 7, 33, 102, 112–113, 122, 144 und 149: Wilhelm Hammerschmidt

Seite 180: Gustave Le Gray

Seite 16: G. Lekegian

Seite 19: Pascal Sebah

Seiten 125 und 181: Gebrüder Zangaki

Seiten 10, 108–111, 114, 124, 148, 153, 154, 175 und 177: Fotograf unbekannt

Die neueren Fotografien wurden zwischen 1983 und 2006 von Dominique Escartin aufgenommen.

Bibliografische Information Der Deutschen Bibliothek
Die Deutsche Bibliothek verzeichnet diese Publikation in der Deutschen Nationalbibliografie; detaillierte bibliografische Daten sind im Internet über http://dnb.ddb.de abrufbar.

Titel der Originalausgabe: *Une Égypte intime. Regards d'hier et d'aujourd'hui*
Erschienen bei Éditions de La Martinière, Paris 2007

Deutsche Erstausgabe

Ein Unternehmen der La Martinière Groupe

Layout: Audrey Hette
Umschlaggestaltung: Leonore Höfer
Satz: satz & repro Grieb, München
Druck: Mame, Tours
Printed in France

ISBN 978-3-89660-530-6

www.knesebeck-verlag.de